ÉTUDE SUR LA QUESTION

DE

RESPONSABILITÉ CIVILE

EN CAS D'ACCIDENTS

PAR

A. BLAVIER

PRÉSIDENT DE LA SOCIÉTÉ INDUSTRIELLE D'ANGERS

ANGERS

IMPRIMERIE-LIBRAIRIE GERMAIN ET G. GRASSIN

RUE SAINT-LAUD

1883

ÉTUDE SUR LA QUESTION

DE

RESPONSABILITÉ CIVILE

EN CAS D'ACCIDENTS

PAR

A. BLAVIER

PRÉSIDENT DE LA SOCIÉTÉ INDUSTRIELLE D'ANGERS

ANGERS

IMPRIMERIE-LIBRAIRIE GERMAIN ET G. GRASSIN

RUE SAINT-LAUD

1883

ÉTUDE

SUR LA

QUESTION DE RESPONSABILITÉ CIVILE

EN CAS D'ACCIDENTS

Depuis le commencement du siècle, l'industrie minérale et manufacturière a pris en France un développement immense, provoqué surtout par l'emploi des machines de toute nature mises en mouvement par la vapeur. Le recensement de 1876 établit pour l'industrie minérale, usinière et manufacturière, une population d'environ 1,400,000 employés, ouvriers et journaliers des deux sexes vivant de leurs salaires et faisant vivre aussi leur famille, qu'on peut estimer à près de 2,000,000 de personnes.

Il ne saurait être contesté que, par le fait du travail mécanique, les risques courus par l'ouvrier augmentent sensiblement et que les accidents, dont il est forcément victime, deviennent plus fréquents, plus graves, occasionnant des incapacités de travail permanentes ou la mort, qui prive toute une famille du chef qui la faisait vivre.

Ces accidents sont le plus souvent causés par des circonstances fortuites, des cas de force majeure, quelquefois par la faute de l'ouvrier qui en est victime, plus rarement aussi par la faute de l'employeur ou de ses agents. Les chiffres suivants, que nous avons trouvés, dans les documents parlementaires, établissent, d'après les statistiques étrangères, dans quelles proportions les accidents peuvent être attribués à ces trois causes :

Cas fortuits et force majeure 68 0/0
Faute de l'ouvrier 20 0/0
Faute de l'employeur. 12 0/0

Aucune statistique, que nous sachions, n'a donné les chiffres analogues pour la France.

Sous l'empire de la législation actuelle, d'après les principes de la responsabilité civile, édictée par les articles 1382 et suivants du Code, c'est seulement dans ces douze derniers cas que l'ouvrier ou ses ayants-cause peuvent obtenir de l'employeur la réparation du dommage causé par sa faute. Dans les quatre-vingt-huit autres cas, les invalides du travail ou les familles privées de leurs chefs n'ont rien à prétendre.

Parfois une action judiciaire sera engagée; mais la preuve, qui incombe au demandeur, d'une faute commise par l'employeur ne pouvant être faite, l'ouvrier doit forcément succomber après de longs, coûteux et pénibles débats dans lesquels il n'a le plus souvent devant lui qu'une Compagnie d'assurances et qui ont pour unique résultat de créer un antagonisme fatal entre le patron et l'ouvrier, alors que leurs rapports devraient être ceux de deux associés loyaux et confiants, dont l'un s'assure, par le salaire débattu librement, une rémunération de sa participation à l'œuvre commune à l'abri de toutes les chances contraires, alors que l'autre court seul les chances bonnes ou mauvaises de l'entreprise.

C'est donc avec grande raison que les hommes portant intérêt aux travailleurs sont préoccupés de ces procès de plus en plus fréquents entre patrons et ouvriers, des lenteurs de la procédure et recherchent les moyens de porter remède à ce fâcheux antagonisme.

« Mais ce qu'il y a de défectueux dans la législation actuelle, ce n'est ni le principe de la responsabilité, ni l'obligation de faire la preuve qui incombe à tout demandeur ; ce qui choque, c'est que les victimes du travail soient en réalité seules responsables des cas fortuits et de force majeure, et que la Société qui profite du travail accompli ne vienne pas dans la mesure du possible, alléger les souffrances et les misères qui sont le sésultat du fonctionnement même de l'ordre social. »

« Et, en effet, les accidents dans le travail de l'ouvrier sont une de ces plaies qui atteignent l'humanité toute entière et si le mal ne peut être ni conjuré ni tari dans sa source, la solidarité démocratique exige que la Société s'applique à en atténuer les conséquences. »

Nous partageons entièrement cette opinion de M. L. Peulevey, député, mais nous ajoutons : ce qui choque encore, ce qui froisse la conscience, c'est l'application faite par les tribunaux de la législation actuelle.

« Les dommages-intérêts fixés par les tribunaux varient à l'infini, dans des cas qui peuvent paraître analogues. C'est que les juges font intervenir, pour en déterminer le montant, *toute une série de considérations indépendantes de la gravité du dommage proprement dit qu'il s'agit de réparer*. La fortune du patron, ses bénéfices, des sollicitations, la condition plus ou moins intéressante de la victime sont autant d'éléments qu'ils font entrer en ligne de compte. » (Rapport de M. Nadaud.)

L'arbitraire est la conséquence d'une telle manière de juger, et il paraît urgent de porter remède à ce grave inconvénient, en précisant par une loi spéciale la responsabilité civile de l'employeur, en cas d'accident provenant de sa faute, comme la loi a précisé sa responsabilité pénale en cas de faute lourde, par les articles 319 et 320 du Code pénal.

Ces graves questions économiques et sociales sont aujourd'hui à l'ordre du jour ; mais elles avaient été abordées sérieusement déjà sous l'Empire et résolues en partie par les encouragements donnés avec largesse aux Sociétés de secours mutuels d'une part, et par la création de la caisse d'assurances en cas d'accidents (loi du 11 juillet 1868) d'autre part.

Les Sociétés de secours mutuels prospèrent sur toute la surface du territoire national et mettent généralement à l'abri du besoin l'ouvrier et sa famille, dans les cas d'incapacité temporaire produite par les accidents ou la maladie ; elles reposent sur la solidarité et l'esprit de prévoyance des travailleurs, bases excellentes qu'il faut conserver avec soin. Elles ont d'ailleurs le mérite sérieux, par leur fractionnement, de permettre une surveillance attentive de la part des intéressés, ce qui assure la bonne gestion des ressources collectives, et prévient les abus que seraient tentés de commettre des sociétaires peu scrupuleux, alors surtout que par leur participation à plusieurs caisses, en cas d'incapacité temporaire, le secours obtenu est supérieur au salaire journalier.

Quant aux effets de la loi du 11 juillet 1868 sur les assurances en cas d'accident, il faut reconnaître qu'ils ont été nuls ou à peu près.

En effet, cette caisse spéciale a reçu depuis son origine jusqu'au 31 décembre 1880 :

Dotation de l'État	2,000,000 f.	»
Dons et legs.	1,000	»
Cotisations des assurés.	94,008	35
Arrérages des sommes placées. . .	1,352,936	50
Ensemble.	3,447,944 f.	85
Elle a versé, en sommes allouées en cas de mort et transports faits à la caisse des retraites pour le service des pensions	59,967	04
Elle possédait donc au 31 décembre 1880, solde en rentes (147,148 f.) . .	3,385,452	75
Solde en caisse.	2,525	»

Le nombre des assurés qui, en 1874, s'élevait à 2214, n'était plus au 31 décembre 1880 que de 1812, chiffre bien peu en rapport avec l'importance des services à rendre, dit avec raison M. Faure, dans l'exposé des motifs de son projet de loi ; mais cet insuccès doit être, selon nous, attribué surtout au changement de régime survenu en 1870, qui a jeté le discrédit sur les créations de l'Empire, même quand elles ne le méritaient pas. Ainsi rien n'a été fait pour porter les avantages de cette caisse à la connaissance des intéressés ; le Conseil supérieure chargé de son administration ne s'est pas réuni depuis plus de huit années, et aucun rapport sur ses opérations n'a été publié depuis 1873, c'est M. Faure qui le dit.

Si le règlement qui a déterminé le fonctionnement de cette caisse imposait des formalités trop longues, des démarches trop nombreuses pour en profiter, rien n'était plus facile que de lever ces obstacles purement matériels. Quant au principe de sa création, il était excellent, et les projets nouveaux, dont nous allons nous occuper, la conserveront en modifiant son fonctionnement.

Nous parlerons d'abord de deux projets écartés par la Chambre des députés comme trop restreints.

Le premier de M. Nadaud, ayant pour but d'établir que « dans les usines, manufactures, mines, carrières et chantiers de toute nature, où il est fait usage d'un outillage à moteur mécanique, le patron est présumé responsable des accidents survenus à ses ouvriers ou préposés » ne saurait être plus sérieusement critiqué et plus vigoureusement combattu qu'il ne l'a été par M. Peulevey, dans l'exposé des motifs de son propre système.

« La proposition de loi présentée par M. Nadaud, sur la responsabilité des accidents dont les ouvriers sont victimes dans l'accomplissement de leur travail, soulève une question humanitaire de premier ordre.

« Mais, telle qu'elle est formulée, il semble qu'elle s'attaque aux sources vives de l'activité humaine et aux principes sains de la fécondation du travail, car elle porte les plus graves atteintes à la sécurité du capital, en même temps qu'elle touche aux principes fondamentaux du droit en matière de responsabilité, elle ne tend à rien moins qu'à la création d'un privilège au profit d'une classe de citoyens sur une autre. Elle commence par violer ce grand principe de la loi démocratique qui ne connaît plus de classes, et si elle pouvait être accueillie, il n'est pas un seul ouvrier laborieux qui voulût devenir maître ou patron, car en quelques heures, un accident fortuit ou de force majeure, pourrait lui faire perdre tout le fruit de ses économies péniblement acquises.

« D'ailleurs la réforme proposée en créant une présomption souvent inique, ne changerait absolument rien au sort de la victime. »

Le second projet de M. Henry Maret a le mérite de ne pas modifier les règles du Code civil en matière de responsabilité ; il institue seulement, pour les cas d'accidents, un jury spécial, au chef-lieu de chaque département, présidé par un membre du Tribunal de première instance, jury qui aurait à statuer en premier et dernier ressort, sans recours possible par voie de cassation, et dans un délai maximum de quatre mois, dans toutes les contestations civiles relatives à la réparation des dommages causés par les accidents.

Le but que se propose M. Maret est excellent, diminuer les frais et le temps de la procédure dans les instances en responsabibité pour les cas d'accidents ; mais la juridiction nouvelle qu'il institue pour arriver à ce résultat désirable, est-elle de nature à donner aux parties en présence toutes les garanties nécessaires? Pour apprécier la cause d'un accident, il faut évidemment des connaissances spéciales, qu'on ne trouve pas plus dans les membres d'un jury que dans les membres d'un tribunal, et qu'il faut par suite aller chercher ailleurs, là où on est sûr de les rencontrer.

Deux autres projets traitent la question des accidents d'une façon plus complète, présentés, l'un par M. Faure, l'autre par M. Peulevey.

M. Faure renverse radicalement tous les principes du droit commun en matière de responsabilité pour le cas d'accident. Dans son système la responsabilité revient quand même et toujours à l'employeur ; que l'accident soit la conséquence d'un cas fortuit, d'un cas de force majeure, que l'accident ait pour cause une faute de l'ouvrier qui en est victime, la désobéissance aux ordres reçus, l'ivresse même, l'employeur est responsable. Il n'est fait d'exception à cette règle absolue que pour les faits criminels ou délictueux dont l'auteur reste responsable, suivant les principes du droit commun; conséquent avec lui-même, M. Faure applique ce principe de responsabilité à tout employeur, et atteint aussi bien le fermier pour le domestique qu'il employe, que le petit patron de bourg pour l'apprenti qui l'aide dans ses travaux de menuiserie, serrurerie ou charpenterie. La responsabilité existe en dehors de toute stipulation contraire dans les contrats de louage. Elle n'est pas d'ailleurs établie d'après le préjudice causé par l'accident à l'ouvrier victime, mais d'après l'état de la famille de cet ouvrier.

Nous n'hésitons pas à le dire, un semblable projet consacre un tel renversement de toutes les notions de droit et d'équité naturelle qu'il ne pourra jamais être accepté par un parlement français, et l'un des membres, qui a le plus vivement attaqué ce projet devant la Chambre des députés, a pu dire avec raison qu'une pareille proposition *dépasse toutes les limites des théories socialistes* qui ont vu le jour jusqu'à présent.

Rendre le patron responsable de la faute de l'ouvrier qu'il emploie, cela soulève la conscience : un cri de justice doit s'élever contre de pareilles théories (M. Peulevey); proportionner la responsabilité de l'employeur au nombre des enfants de l'ouvrier victime d'un accident, c'est fermer la porte de tous les ateliers aux pères de famille.

M. Faure complète son système par la création d'une caisse d'assurances, sous la garantie de l'Etat, contre les risques de la responsabilité en cas d'accident, qu'il réunit à la caisse d'assurances contre les accidents, fondée par la loi du 11 juillet 1868.

Nous pensons qu'une pareille caisse peut exister indépendamment des principes inadmissibles de responsabilité proposés par M. Faure, et qu'elle peut rendre de véritables services, si on complète toutefois son fonctionnement d'après les idées émises par M. Peulevey, dans le projet qu'il nous reste à examiner.

D'après ce député, le législateur de 1868 n'a pas suffisamment fait en accordant, en cas d'accident, aux ouvriers victimes, des secours basés sur le montant de l'assurance consentie par eux ; il entend concilier les devoirs de prévoyance que chacun se doit à lui-même et à sa famille, avec les obligations justement limitées, que le corps social doit remplir envers chacun des travailleurs. Il propose en conséquence de diminuer la contribution de l'ouvrier et de lui assurer un secours suffisant en cas d'accident résultat d'un cas fortuit, de la force majeure ou même d'une imprévoyance légère de la victime ; la même caisse fournirait les premiers secours à la victime et à sa famille, en cas d'accident.

Nous trouvons dans ce projet le respect des principes fondamentaux du droit en matière de responsabilité civile, la reconnaissance d'un devoir incontestable de la Société envers les invalides du travail et aussi une amélioration sensible de la situation souvent précaire des ouvriers victimes d'accidents graves. Il nous semble à tous les points de vue excellent, mais nous le trouvons incomplet.

Répondant à l'appel que M. Peulevey adresse aux hommes de bonne volonté, nous allons indiquer ce qui nous paraîtrait pouvoir être fait pour éviter les nombreuses difficultés qui s'élèvent aujourd'hui entre les patrons et les ouvriers en cas d'accidents et pour assurer à ceux-ci, quand ils sont victimes d'un accident grave, des secours suffisants les mettant, eux et leur famille, à l'abri de la misère.

Nous pensons qu'une pareille loi doit fixer les limites de la responsabilité de l'employeur à l'égard des ouvriers qu'il fait travailler et ces limites sont faciles à déterminer, puisque le dommage causé est la privation d'un salaire connu.

Nous pensons encore que, pour éviter les lenteurs de la procédure ordinaire qui aboutit, le plus souvent, à la nomination d'experts chargés de rechercher la cause des accidents graves dont un ou plusieurs ouvriers ont été victimes, la loi nouvelle peut attribuer à des hommes spéciaux la mission considérable de déclarer comme arbitres sous la foi du serment, si l'accident est le résultat d'un cas fortuit, de la faute de l'ouvrier ou de la faute de l'employeur ; cette déclaration devant être faite dans un délai fixé et court.

Nous pensons enfin que cette loi doit créer une caisse à la fois d'assurances et de secours, comme celles imaginées par MM. Faure et Peulevey, caisse qui serait alimentée concurremment par les patrons, par les ouvriers et par l'Etat, caisse destinée : 1° à garantir une pension à l'ouvrier invalide ou à sa famille dans tous les cas d'accidents, sauf celui ou l'arbitre spécial aurait reconnu une faute lourde de la part de l'ouvrier victime et 2° à garantir l'employeur s'assurant contre tout recours de l'ouvrier victime d'un accident, sauf dans le cas où l'arbitre spécial aurait reconnu une faute lourde de la part dudit employeur.

Avec un pareil système on arrivera, croyons-nous, à éviter les procès entre l'employeur et l'ouvrier; en cas d'accident, on assurera à celui-ci, comme dans le système de M. Faure, un secours plus équitablement établi et immédiatement servi; on donnera au patron, comme le demande M. Faure, la possibilité de s'assurer contre des responsabilités trop lourdes, ce qui est juste puisqu'il prendra sa part des charges d'une caisse secourant l'ouvrier dans tous les cas d'accidents; on fera aussi participer, comme le veut M. Peulevey, et comme il est équitable, la Société toute entière qui profite du travail accompli, à l'allègement des souffrances et des misères, conséquences des accidents par cas fortuits, les plus nombreux de tous et qui sont le résultat du fonctionnement même de l'ordre social.

Nous ajouterons que cette réforme s'impose et que la formule de responsabilité civile, édictée par le législateur du Code civil au commencement de ce siècle, ne suffit plus, dans l'état social présent, parce qu'elle n'a pas prévu et ne pouvait pas prévoir les accidents du travail devenus fréquents et inévitables par suite de l'introduction et du développement immense du travail mécanique dans l'industrie. Cette réforme s'impose parce que les articles 1382 et suivants confondent des cas de responsabilité absolument différents; celui où un accident du travail cause un dommage au travailleur, et celui où le même accident cause un dommage à une personne étrangère au travail; par exemple, les cas où la fausse manœuvre d'une aiguille de chemin de fer a pour conséquence des dommages causés aux employés de la Compagnie payés par elle, ou a pour conséquence des dommages causés aux voyageurs, qui ont payé pour être transportés d'un point à un autre avec sécurité.

C'est dans cet ordre d'idées que nous avons rédigé le projet suivant sur la responsabilité des employeurs en cas d'accident, survenu dans un chantier où l'on fait usage d'un moteur mécanique. Nous avons d'ailleurs adopté autant que possible les heureuses dispositions proposées sur le même sujet par MM. F. Faure et Peulevey.

Le titre Ier détermine la marche à suivre par l'employeur en cas d'accident, pour que la cause de cet accident soit recherchée sans retard et définie aussi exactement qu'elle peut l'être, au point de vue de la responsabilité.

Nous admettons, comme MM. Faure et Peulevey, l'intervention du juge de paix du canton pour procéder aux enquêtes nécessaires; mais nous lui adjoignons un homme spécial, indépendant, remplissant le rôle d'arbitre, qui doit formuler, sous la foi du serment, le résultat de ses recherches sur les causes de l'accident, et déclarer si cet accident est le résultat d'un cas fortuit, d'une faute de l'employeur, ou d'une faute de l'ouvrier; il doit, au cas de faute, ajouter si elle est légère ou lourde. Cette déclaration est inattaquable, sauf dans le cas où elle énonce une faute lourde, qui entraîne forcément la poursuite correctionnelle de son auteur, s'il n'en a pas été la propre victime.

La déclaration d'une faute légère ou lourde de l'employeur, ou de ses agents, entraîne la responsabilité civile, sans débat judiciaire, en sorte que, sans conflit entre le patron et l'ouvrier, un secours est rapidement assuré à celui-ci, dans les limites fixées par la loi pour le cas d'une faute légère.

L'ouvrier peut attendre alors patiemment le résultat de la poursuite correctionnelle dirigée par le Parquet contre l'employeur ou ses agents en cas de faute lourde. Si l'employeur ne parvient pas à faire casser par le Tribunal la déclaration de l'arbitre, quant à l'existence d'une faute lourde, ayant occasionné l'accident, si lui ou ses agents sont condamnés à une peine correctionnelle, la responsabilité civile sera plus grande au profit de l'ouvrier victime, et c'est justice.

Nous entendons les objections que l'on pourra présenter contre le rôle prépondérant de cet arbitre, prononçant sur la cause de l'accident. Mais le Tribunal n'est-il pas, dans tous les cas, obligé de s'en rapporter, pour apprécier la cause d'un accident, aux rapports d'hommes spéciaux, et alors interviennent les lenteurs interminables de procédure dont tout le monde se plaint avec grande raison et qu'on évite entièrement par la nouvelle combinaison proposée. Cet arbitre unique, mais compétent, ne présente-t-il pas plus de garantie pour les parties que le jury auquel veut avoir recours l'honorable M. Maret dans son projet? Quant au choix de l'homme spécial chargé d'une mission aussi importante, on ne saurait lui créer une situation trop indépendante et trop élevée, qu'il soit, comme je le suppose, l'ingénieur des mines, l'inspecteur du travail des enfants dans les manucfactures ou tout autre.

Le titre II détermine la responsabilité civile de l'employeur en cas d'accident occasionné par une faute légère ou par une faute lourde commise par lui ou ses agents. La base de la responsabilité est évidemment le gain de l'ouvrier victime ; il ne peut y en avoir d'autre, et on ne doit pas faire entrer en ligne de compte des considérations tout à fait indépendantes de la gravité du dommage proprement dit qu'il s'agit de réparer, comme celle de la famille de la victime, celle de la situation personnelle de l'employeur, de ses bénéfices, etc.

L'ouvrier dont le salaire entretient une famille, venant à lui être enlevé, c'est la portion de ce salaire, non absorbée par ses besoins personnels, qui doit être assurée par l'employeur responsable d'une faute à cette famille. Si cette famille se composait d'une femme seulement, il faut admettre que l'ouvrier se privait moins que dans le cas où il avait en même temps charge d'enfants, et par suite, dans ce second cas, le chiffre de l'indemnité due par l'employeur est plus considérable.

Le titre III, enfin, établit une caisse ayant pour objet à la fois, comme le veut M. Peulevey, de secourir les ouvriers en cas d'accidents résultant des cas fortuits, de force majeure, ou même d'une faute légère de la victime ; et comme le demande M. Faure, de donner un moyen facultatif aux employeurs de se garantir contre la responsabilité civile en cas d'accidents occasionnés par leur faute ou celle de leurs agents. Cette caisse est pour l'ouvrier une véritable caisse de secours en cas d'accident, et pour le patron une caisse d'assurances.

Elle sera alimentée simultanément, par les ouvriers voulant en profiter au moyen d'une cotisation légère et égale pour tous, par les patrons voulant s'assurer au moyen d'une prime calculée en raison des dangers que présentent leurs industries et suivant que leurs établissements seront plus ou moins bien aménagés au point de vue de la sécurité des travailleurs, enfin par l'Etat, qui doit assistance aux invalides du travail comme aux invalides de la guerre.

Cette caisse assurera aux victimes d'accidents des secours fixés d'après leur situation de famille et non d'après leur salaire, ce qui ne choque plus, comme dans le système proposé par M. Faure, parce que ce n'est pas la réparation d'un dommage qu'assure la caisse, mais un secours suffisant pour permettre aux victimes du travail de vivre sans tomber à la charge de la charité publique.

On supprime par cette combinaison une des principales objections faites contre le projet de M. Faure, dont l'application aurait, entre autres conséquences funestes, celle de fermer la porte de tous les chantiers aux travailleurs les plus intéressants qui sont les chefs de famille.

Projet de loi sur la responsabilité des employeurs en cas d'accidents survenus dans les exploitations, usines, manufactures et ateliers où il est fait usage d'un moteur mécanique.

TITRE Ier

DE LA CONSTATATION DE LA CAUSE DES ACCIDENTS

Art. 1er. — En cas d'accident grave survenu dans une exploitation, usine, manufacture, atelier où il est fait usage d'un moteur mécanique, tout employeur, maître, ou patron, sera tenu, sous peine d'être présumé fautif, d'avertir immédiatement le juge de paix du canton, où l'accident aura eu lieu.

Ce magistrat devra procéder sans retard à une enquête sur les causes et circonstances de l'accident ; il sera obligatoirement assisté par l'Ingénieur des mines de la circonscription, si l'accident s'est produit dans une exploitation minérale ou dans une usine, par l'Inspecteur du travail des enfants dans les manufactures, si l'accident s'est produit dans une manufacture ou un atelier, et par l'Architecte départemental si l'accident s'est produit dans un chantier de construction.

Il dressera procès-verbal des faits, des témoignages recueillis et de la déclaration faite, sous la foi du serment, par l'arbitre l'assistant, que l'accident doit être attribué soit à un cas fortuit ou de force majeure, soit à une faute légère ou lourde de l'employeur ou de ses agents, soit à une faute légère ou lourde de l'ouvrier victime ; la déclaration de l'arbitre précisera la faute lourde qu'il a constatée et l'auteur de cette faute lourde.

La minute de ce procès-verbal sera déposée au greffe de son tribunal et copie en sera envoyée au procureur de la République dans un délai ne devant pas dépasser quinze jours après l'accident.

Les parties auront droit de faire prendre copie dudit procès-verbal sans frais.

Art. 2. — Si la déclaration de l'arbitre dans ce procès-verbal porte qu'il y a faute légère ou lourde de l'employeur ou de ses agents, dans les quinze jours qui suivront la réception dudit procès-verbal, le tribunal civil saisi par le procureur de la République, rendra un jugement déclarant l'employeur civilement responsable de l'accident dans les limites fixées par le paragraphe A de l'article 3 ci-dessous; ce jugement sera exécutoire sans appel.

En outre, lorsque la déclaration de l'arbitre articulera une faute lourde de l'employeur ou de ses agents, le procureur de la République devra en poursuivre l'auteur devant le tribunal correctionnel, par application des articles 419 et 420 du Code pénal, et s'il y a condamnation de l'auteur de la faute, l'employeur deviendra, par le fait de cette condamnation, civilement responsable des conséquences de l'accident dans les limites fixées par le paragraphe B de l'article 3 ci-dessous.

TITRE II

DE LA RESPONSABILITÉ CIVILE DES EMPLOYEURS

Art. 3. — En cas d'accident grave occasionné par la faute de l'employeur et de ses agents, constatée comme il est dit au titre précédent, la responsabilité civile de l'employeur est fixée comme suit :

A. — S'il y a faute légère;

(*a*) En cas de mort survenue au moment de l'accident ou résultant des suites de l'accident :

Si l'ouvrier ou employé victime est marié, sans enfants, il sera accordé à sa veuve une pension annuelle et viagère égale à la moitié du salaire annuel de la victime.

S'il est marié et père d'enfants légitimes, la pension accordée à la veuve et aux enfants sera les 2/3 du salaire annuel, jusqu'à ce que le plus jeune des enfants ait atteint l'âge de 16 ans, après quoi elle sera réduite à 1/2 du salaire.

S'il est veuf et père d'enfants légitimes, chacun de ceux-ci aura droit, jusqu'à ce qu'il ait atteint l'âge de 16 ans, à une rente annuelle égale à la moitié du salaire annuel de la victime divisée par le nombre des enfants.

S'il est veuf et sans enfants, il sera attribué à ses père et mère sexagénaires, ou à défaut de ceux-ci à ses aïeuls et aïeules sexagénaires une indemnité égale au salaire annuel de la victime.

(*b*) En cas d'accident entraînant l'incapacité complète du travail, comme celle qui résulte de la perte de la vue ou de la perte de deux membres, il sera attribué à l'ouvrier ou employé victime, quelle que soit sa position de famille, une pension annuelle et viagère égale aux 3/4 de son salaire annuel avant l'accident.

(*c*) En cas d'accident entraînant l'incapacité de la profession, ou pouvant diminuer la somme de travail du blessé, comme la perte d'un membre ou d'un œil, l'ouvrier ou employé blessé aura droit à une rente annuelle et viagère égale à la moitié de son salaire annuel avant l'accident.

B. — S'il y a condamnation correctionnelle pour faute lourde de l'employeur ou de ses agents, la responsabilité civile de l'employeur sera dans chacun des cas particuliers relatés ci-dessus, augmentée de 50 0/0.

Toutes les fois que l'indemnité est calculé d'après le salaire annuel, ce salaire sera estimé comme suit : à 300 fois le salaire de la journée si l'ouvrier ou employé est payé à la journée ; à 52 fois le salaire de la semaine s'il est payé à la semaine ; à 26 fois le salaire de la quinzaine s'il est payé à la quinzaine ; à 12 fois le salaire du mois s'il est payé au mois, en prenant pour base le prix payé à la victime pour la journée, la semaine, la quinzaine ou le mois, au moment de l'accident : si l'ouvrier était marchandé, la base du prix de la journée sera le prix résultant du dernier marchandage.

TITRE III

DE LA CAISSE DES ACCIDENTS DU TRAVAIL

Art. 4. — Il est créé, sous la garantie de l'Etat, une caisse d'assurances contre les accidents du travail et contre les risques de la responsabilité des employeurs, en cas d'accident ; cette caisse a pour objet :

1° De fournir des secours aux ouvriers assurés contre les accidents du travail ;

2° De permettre aux employeurs de se garantir des conséquences pécuniaires de la responsabilité civile en cas d'accidents, dans les limites indiquées ci-après.

Art. 5. — Pour s'assurer et profiter des indemnités garanties par la caisse des accidents, l'ouvrier devra payer une somme de 5 francs entre les mains du percepteur de sa circonscription.

La quittance qui lui sera délivrée sera valable pour une année.

Art. 6. — Pour s'assurer contre les risques de la responsabilité civile en cas d'accident mise à sa charge par l'article 3, dans le cas de faute légère, l'employeur devra assurer à la caisse des accidents tous les ouvriers et employés de son exploitation, pour une durée de 3 ans, dans les conditions stipulées par les articles 8 et suivants.

Art. 7. — L'ouvrier peut s'assurer personnellement à la caisse des accidents, conformément à l'article 5, alors même qu'il serait assuré par son employeur.

Art. 8. — L'unité de risques qu'assure la caisse étant constituée par une journée de travail, la prime d'assurances de l'employeur sera calculée sur la somme des journées de travail de tous les ouvriers de son établissement.

Le nombre des ouvriers et employés et le total des journées de travail seront établis par une déclaration signée du chef de l'établissement, à la fin de chaque trimestre.

C'est sur cette déclaration que les primes seront acquittées par l'assuré à terme échu.

Les registres portant inscription du nombre des journées de travail et du total des salaires payés par l'employeur assuré sont soumis à la vérification et au contrôle des agents de la caisse des accidents.

Art. 9. — Le taux des primes sera établi par un tableau classant les industries en cinq catégories, suivant le degré de danger que présente chacune d'elles ;

Art. 10. — Les établissements assurés dans chaque catégorie, seront eux-mêmes divisés en trois classes, suivant qu'ils seront plus ou moins bien aménagés, outillés et réglementés au point de vue de la sécurité et de la salubrité :

La première classe bénéficiera d'une réduction de 25 0/0 sur le taux de la prime fixée comme il est dit à l'article précédent ;

La deuxième classe payera cette prime entière ;

La troisième classe subira une majoration de 25 0/0 sur le taux de cette prime.

Art. 11. — Le capital en rentes et en espèces appartenant à la caisse d'assurances en cas d'accidents, fondée par la loi du 11 juillet 1868 est désormais commun à ladite caisse et à la caisse des accidents du travail.

Art. 12. — Les ressources de la caisse des accidents du travail se composent :

1° Du capital appartenant en commun à ladite caisse et à la caisse d'assurances en cas d'accidents, fondée par la loi du 11 juillet 1868 ;

2° Des cotisations payées par les ouvriers assurés conformément à l'article 5 ci-dessus ;

3° Des primes d'assurances payées par les employeurs, conformément à l'article 6 ci-dessus ;

4° D'une subvention annuelle de l'État s'il y a lieu.

Art. 13. — Les secours garantis par la caisse des accidents aux ouvriers et employés assurés, victimes d'accidents graves sont fixés comme suit :

(*a*) En cas de mort survenue au moment de l'accident ou résultant des suites de l'accident :

Si l'ouvrier ou employé victime est marié sans enfants, sa veuve recevra une pension annuelle et viagère de 360 francs ;

S'il est marié et père d'enfants légitimes, en sus de la pension de la veuve, chaque orphelin recevra jusqu'à ce qu'il ait atteint l'âge de 16 ans, une pension annuelle de 100 francs ;

S'il est veuf et père d'enfants légitimes, chacun de ses enfants orphelins recevra, jusqu'à ce qu'il ait atteint l'âge de 16 ans une pension annuelle de 150 francs.

(*b*) En cas d'accident entraînant l'incapacité complète de travail, comme celle qui résulte de la perte de la vue, ou de la perte de deux membres, il sera attribué à l'ouvrier ou employé victime une rente annuelle et viagère de 550 francs ;

S'il est marié, à sa femme une rente annuelle et viagère de 100 francs ;

A chaque enfant légitime vivant ou à naître dans les dix mois qui suivront l'accident, une rente annuelle de 50 francs jusqu'à ce qu'il ait atteint l'âge de 16 ans.

(*c*) En cas d'accident entraînant l'incapacité de la profession ou pouvant diminuer la somme de travail du blessé, comme la perte d'un membre, l'ouvrier ou employé victime recevra une pension annuelle et viagère de 360 francs.

Art. 14. — Si l'ouvrier ou employé s'est assuré personnellement, en même temps qu'il est assuré par son employeur, il aura droit en cas d'accident à l'indemnité fixée dans l'article précédent augmentée de 50 0/0.

Art. 15. — L'assurance de l'employeur ne le garantissant que dans les limites de la responsabilité mise à sa charge par le paragraphe A de l'article 3, si l'accident a été occasionné par une faute lourde de l'employeur ou de ses agents, l'ouvrier victime recevra de l'employeur condamné correctionnellement par le Tribunal, l'indemnité spécifiée par le paragraphe B de l'article 3, comme conséquence de la faute lourde, c'est-à-dire la moitié de l'indemnité fixée par le paragraphe A du même article, suivant chaque cas particulier, et cela en sus du secours qui lui est assuré par la caisse des accidents, conformément à l'article 13 ci-dessus.

Art. 16. — L'ouvrier assuré à la caisse des accidents perd tout droit aux indemnités fixées par l'article 13, si la déclaration de l'arbitre dans le procès-verbal du juge de paix, attribue l'accident dont il a été victime à une faute lourde commise par lui-même, ivresse, désobéissance formelle aux ordres reçus, etc.

Art. 17. — Les pensions annuelles et viagères dues aux victimes des accidents, soit par la caisse des accidents, soit par les employeurs, seront servies par la caisse des retraites, moyennant la remise qui lui sera faite, soit par la caisse des accidents soit par les employeurs, du capital nécessaire à la constitution desdites pensions, d'après le tarif de la caisse des retraites.

Art. 18. — Le règlement des indemnités se fait à la demande des intéressés sur la production du procès-verbal, dressé par le juge de paix, après chaque accident, conformément à l'article 1er de la présente loi, et des autres pièces nécessaires pour la constatation de l'identité et des droits des intéressés.

Art. 19. — Les différents tarifs de la caisse seront révisés tous les cinq ans, à partir de 1885.

Art 20. — La caisse des accidents créée par la présente loi, est gérée par la caisse des dépôts et consignations.

Une commission supérieure instituée sur les bases de la loi du 12 juin 1861, sera chargée de l'examen des questions relatives à la caisse.

Cette commission présentera chaque année au Ministre du Commerce un rapport sur la situation morale et matérielle de la caisse des accidents, lequel sera communiqué au Sénat et à la Chambre des députés.

Art. 21. — Dans les trois mois qui suivront la promulgation de la présente loi, un règlement d'administration publique déterminera, d'après les bases ci-dessus, les catégories d'industries, le taux des primes, les conditions spéciales des polices et la forme des assurances, il désignera les agents de l'Etat par l'intermédiaire desquels les assurances pourront être contractées.

Les procès-verbaux d'accidents dressés par le juge de paix et toutes autres pièces nécessaires aux victimes d'accidents pour assurer leurs droits, leur seront délivrés gratuitement et dispensés des droits de timbre et d'enregistrement.

Angers, imp. Germain et G. Grassin, rue Saint-Laud. — 825-83.

www.ingramcontent.com/pod-product-compliance
Ingram Content Group UK Ltd.
Pitfield, Milton Keynes, MK11 3LW, UK
UKHW021049260726
13994UKWH00005B/2410

9 782329 132730